100% ITALIEN

TOUS LES MOTS QU'IL FAUT

Berlitz Publishing
Londres - Munich - Paris

CIAO !

Votre guide de conversation 100% en main, son application dans votre smartphone, vous allez pouvoir vous faire très facilement comprendre en italien, sans complexes et en toutes circonstances : acheter un titre de transport, commander une spécialité locale, trouver le point WI-FI le plus proche ou encore aborder une charmante personne à une terrasse… Que vous soyez en vacances pour un court séjour ou en voyage d'affaires, tous les mots qu'il vous faut sont là !
Réunissant l'essentiel des mots et phrases pratiques pour s'en sortir dans toutes les situations en italien, ce guide vous aidera à établir une communication facile, rapide et agréable. L'application qui lui est associée vous permettra de bien prononcer mots et phrases, mais elle pourra aussi vous servir d'interprète si vous n'arrivez décidément pas à vous faire à la prononciation italienne !

L'applivre – COMMENT ÇA MARCHE ?

Vous avez déjà le livre entre les mains, l'**appli** gratuite qui lui est associée doit être téléchargée sur votre smartphone*. L'opération est très simple : un smartphone et un accès internet suffisent. Vous trouverez les indications et modalités de téléchargement sur notre site Berlitz à la page **www.berlitzeditions.fr/applivre**.
Une fois l'application téléchargée, vous n'aurez plus besoin de vous connecter sur internet pour l'utiliser, elle fonctionne hors connexion. Pas de crainte de voir votre facture de téléphone s'envoler lorsque vous utiliserez l'application à l'étranger !

L'**appli** contient la prononciation de tous les mots et phrases du guide : vous pourrez donc parfaire votre accent grâce à cette fonctionnalité, ou encore laisser parler votre téléphone à votre place si vous n'osez pas encore vous lancer à parler italien ! Cela peut s'avérer très pratique et favorisera les échanges dans les moments où la « barrière des langues » vous semblera insurmontable… Vous trouverez également dans cette application quelques astuces qui vous permettront de trouver plus rapidement les mots que vous cherchez pour vous faire comprendre. Les guides 100%, une nouvelle génération de guides de conversation !

* Cette **appli** fonctionne sur iPhone, iPod Touch et sur tous les smartphones équipés du système d'exploitation Android.

PRONONCIATION

Pour vous familiariser avec la prononciation de l'italien parlé, nous vous proposons une transcription phonétique simplifiée que vous retrouverez dans ce guide, en couleur : lisez-la comme si c'était du français pour vous approcher au plus près d'une prononciation exacte. N'oubliez pas que l'**appli** associée au guide contient l'enregistrement (par une voix italienne authentique) des mots et phrases du guide !

CONSONNES	Transcription	Exemple
c	tch, k	**cerco**, tchèrko **conto**, konnto
cia, cie, cio, ciu	tcha, tché, tcho, tchou	**ciao**, tchao **cielo**, tchélo **cioccolato**, tchokolato **ciuffo**, tchouf•fo
ch	k	**che**, ké
g	dj, g	**gelato**, djélato **grande**, granndé
gia, gie, gio, giu	dja, djé, djo, djou	**valigia**, validja **valigie**, validjé **viaggio**, viadjo **giubbotto**, djouboto
gh	gh	**ghiaccio**, ghiatcho
gli	ly	**bagaglio**, bagalyio
gn	gn	**bagno**, bagno
h	(muet)	**ha**, a
r	r	**Roma**, roma
s	s, z	**casa**, kaza
sc	ch, sk	**uscita**, ouchita **scarpa**, skarpa
z/zz	ts, dz	**grazie**, gratsié
t		**zero**, dzéro

VOYELLES	Transcription	Exemple
a	a	**gatto**, gato
e	é, è	**presto**, présto
i	i	**destra**, dèstra
i	i	**vini**, vini
o	o	**sole**, solé
u	ou	**fumo**, foumo
ae	aé	**paese**, paézé
ao	ao	**Paolo**, paolo
au	aou	**auto**, aouto
eo	éo	**museo**, mouzéo
eu	éou	**euro**, éouro
ei	éi	**lei**, léi
ia	ia	**piazza**, piatsa
ie	ié	**piede**, piédé
io	io	**piove**, piové
iu	iou	**più**, piou
ua	oua	**quale**, koualé
ue	oué	**questo**, kouésto
ui	oui	**qui**, koui
uo	ouo	**puo**, pouo

NOTES

100% ITALIEN

GÉNÉRALITÉS

L'ESSENTIEL

Oui	Sì	*si*
Non	No	*no*
Peut-être	Forse	*forssé*
Salut	Ciao	*tchao*
Bonjour	Buongiorno	*bouonndjorno*
Bon après-midi	Buon pomeriggio	*bouonn poméridjo*
Bonsoir	Buonasera	*bouonasséra*
Bonne nuit	Buonanotte	*bouonanot•té*
À demain	A domani	*a domani*
À tout à l'heure	A fra poco / A dopo	*a fra poko / a dopo*
Au revoir	Arrivederci	*arrivédértchi*
Bienvenue	Benvenuto	*bénnvénouto/a*
S'il vous plaît	Per favore	*pèr favoré*
Je vous en prie	Prego	*prégo*
Merci	Grazie	*gratsié*
Merci beaucoup	Grazie mille	*gratsié mil•lé*
De rien	Di niente	*di niénnté*
Merci pour votre hospitalité	Grazie per l'ospitalità	*gratsié pér lospitalita*
Pardon	Scusi	*skouzi*
Je suis désolé(e)	Mi dispiace	*mi dispiatché*
Ça ne fait rien	Non importa	*nonn immporta*
Un instant, s'il vous plaît	Un momento per favore	*oun moménnto pèr favoré*

Où ?	Dove?	*dové?*
Quand ?	Quando?	*kouanndo?*
Quoi ?	Che cosa?	*ké koza?*
Comment ?	Come?	*komé?*
Combien ?	Quanto?	*kouannto?*
Quel / Quelle ?	Quale?	*koualé?*
Qui ?	Chi?	*ki?*
Pourquoi ?	Perché?	*pérké?*

Comment s'appelle ceci ?	Come si chiama questo? *komé si kiama kouésto?*
Comment s'appelle cela ?	Come si chiama quello? *komé si kiama kouélo?*
Qu'est-ce que ça veut dire ?	Che significa? *ké signifika?*
Qu'est-ce que vous dites ?	Che cosa dice? / Come, scusi? *ké koza ditché? / komé, skouzi?*
Je ne comprends pas	Non capisco *nonn kapisko*
Pouvez-vous répéter, s'il vous plaît ?	Me lo può ripetere? *mé lo pouo ripétéré?*
Pouvez-vous me l'écrire, s'il vous plaît ?	Me lo può scrivere? *mé lo pouo skrivéré?*
Pourriez-vous parler plus lentement ?	Può parlare più piano? *pouo parlaré piou piano?*
Parles-tu anglais ?	Parli inglese? *parli innglézé?*

Je ne parle pas italien	Non parlo italiano *nonn parlo italiano*
Bon voyage !	Buon viaggio! *bouonn viadjo!*
Amusez-vous bien !	Buon divertimento! *bouonn divértiménnto!*
Tous mes / nos vœux !	Tanti auguri! *tannti a^{ou}gouri!*
Félicitations !	Auguri! *a^{ou}gouri*
Je te souhaite un prompt rétablissement	Guarisci presto! *gouarichi présto!*
Bon courage !	Coraggio! *koradjo!*
Bonne chance !	Buona fortuna! *bouona fortouna!*
Est-ce qu'il y a quelque chose d'intéressant à voir en ville aujourd'hui ?	Oggi c'è qualcosa di particolare da vedere in città? *odji tché koualkoza di partikolaré da védéré in tchit•ta?*
Pouvez-vous nous prendre en photo ?	Può farci una fotografia? *pouo fartchi ouna fotografia?*
Je peux fumer ?	Posso fumare? *posso foumaré?*
Tu as du feu ?	Hai da accendere? *aï da atchénndéré?*

L'EXPRESSION DU TEMPS

Quel jour sommes-nous aujourd'hui ?	Che giorno è oggi? *ké <u>djor</u>no é <u>o</u>dji?*
Quelle heure est-il ?	Che ore sono? *ké <u>o</u>ré <u>so</u>no?*
Ça commence à quelle heure ?	A che ora comincia? *a ké <u>o</u>ra ko<u>minn</u>tcha?*
Ça finit à quelle heure ?	A che ora finisce? *a ké <u>o</u>ra fi<u>n</u>iché?*
Ça dure combien de temps ?	Quanto ci vuole? *<u>kouann</u>to tchi <u>vouo</u>lé?*
C'est ouvert jusqu'à quelle heure ?	Fino a che ora è aperto ? *<u>fi</u>no a ké <u>o</u>ra è a<u>pè</u>rto ?*
Ça ferme à quelle heure ?	A che ora chiude? *a ké <u>o</u>ra <u>kiou</u>dé?*

Avant-hier	L'altro ieri *<u>la</u>ltro <u>ié</u>ri*
Hier	Ieri *<u>ié</u>ri*
Aujourd'hui	Oggi *<u>o</u>dji*
Demain	Domani *do<u>ma</u>ni*
Après-demain	Dopodomani *<u>do</u>podo<u>ma</u>ni*
Le matin	di mattina *di ma<u>t</u>ina*

L'après-midi	di pomeriggio	*di poméridjo*
Le soir	di sera	*di séra*
La nuit	di notte	*di not•té*

LES JOURS

Lundi	Lunedì	*lounédi*
Mardi	Martedì	*martédi*
Mercredi	Mercoledì	*mérkolédi*
Jeudi	Giovedì	*djovédi*
Vendredi	Venerdì	*vénérdi*
Samedi	Sabato	*sabato*
Dimanche	Domenica	*doménika*

LES MOIS

Janvier	Gennaio	*djén•naïo*
Février	Febbraio	*fèb•braïo*
Mars	Marzo	*martso*
Avril	Aprile	*aprilé*
Mai	Maggio	*madjo*
Juin	Giugno	*djougnio*
Juillet	Luglio	*loulyio*

Août	Agosto	*agosto*
Septembre	Settembre	*sèt•tèmmbré*
Octobre	Ottobre	*ot•tobré*
Novembre	Novembre	*novèmmbré*
Décembre	Dicembre	*ditchèmmbré*

LES NOMBRES

0	zero	*dzéro*
1	uno	*ouno*
2	due	*dou•é*
3	tre	*trè*
4	quattro	*kouat•tro*
5	cinque	*tchinnkoué*
6	sei	*sèi*
7	sette	*sèt•té*
8	otto	*ot•to*
9	nove	*nové*
10	dieci	*diétchi*
11	undici	*ounnditchi*
12	dodici	*doditchi*
13	tredici	*tréditchi*
14	quattordici	*kouatorditchi*
15	quindici	*kouinnditchi*
16	sedici	*séditchi*
17	diciassette	*ditchassèt•té*
18	diciotto	*ditchot•to*
19	diciannove	*ditchan•nové*

20	venti	*vènnti*
30	trenta	*trènnta*
40	quaranta	*kouarannta*
50	cinquanta	*tchinnkouannta*
60	sessanta	*sès•sannta*
70	settanta	*sèt•tannta*
80	ottanta	*ot•tannta*
90	novanta	*novannta*
100	cento	*tchènnto*

NOTES

NOTES

100% ITALIEN

ENGAGER LA CONVERSATION

SALUTATIONS

Salut ! Ça va ?	Ciao! Come va? *tchao! komé va?*
Comment allez-vous ?	Come sta? *komé sta?*
Très bien, merci	Bene, grazie *béné, gratsié*
Comment tu t´appelles ?	Come ti chiami? *komé ti kiami?*
Je m'appelle...	Mi chiamo ... *mi kiamo ...*
Enchanté(e) (de faire votre connaissance)	Piacere (di conoscerla) *piatchéré (di konochérla)*
Tu as quel âge ?	Quanti anni hai? *kouannti ani aï?*
J'ai... ans	Ho ... anni *o ... ani*
Je suis français(e)	Sono francese *sono franntchézé*
D'où es-tu ?	Da dove vieni? *da dové viéni?*

CENTRES D'INTÉRÊT

J'aime voyager	Mi piace viaggiare *mi piatché viadjaré*

J'aime l'aventure
Mi piace l'avventura
mi piatché lavénntoura

J'aime la bonne cuisine
Mi piace la buona cucina
mi piatché la bouona koutchina

J'aime connaître de nouvelles personnes
Mi piace conoscere nuove persone
mi piatché konochéré nouové pérsoné

Ça te dirait qu'on sorte ensemble un de ces jours ?
Ti piacerebbe uscire con me una volta?
ti piatchérébbé ouchiré konn mé ouna volta?

Quel genre de musique aimes-tu ?
Che musica ti piace?
ké mouzika ti piatché?

Quels sont tes films préférés ?
Quali sono i tuoi film preferiti?
kouali sono i touoi film préfériti?

Où est-ce que tu aimes passer tes vacances ?
Dove ti piace passare le vacanze?
dové ti piatché passaré lé vakanntsé?

SE PRÉSENTER

Je suis marié
Sono sposato
sono spozato

Je suis mariée	Sono sposata *sono spozata*
J'ai des enfants	Ho figli *o filyi*
Vous avez des enfants ?	Ha figli? *a filyi?*
Vous êtes marié ?	È sposato? *é spozato?*
Vous êtes mariée ?	È sposata? *é spozata?*
Je suis seul(e)	Sono single *sono sinngueule*
Je suis divorcé	Sono divorziato *sono divortziato*
Je suis divorcée	Sono divorziata *sono divortziata*
Je suis né(e) en France	Sono nato/a in Francia *sono nato/a inn franntcha*
J'habite à...	Abito in ... *abito inn ...*
Je viens de...	Sono di ... *sono di ...*
Qu'est-ce que tu fais dans la vie ?	Che lavoro fai? *ké lavoro faï?*
Qu'est-ce que tu fais comme études ?	Che studi fai? *ké stoudi faï?*
Tu viens d'où ?	Di dove sei? *di dové séï?*

Tu as quel âge ?

Quanti anni hai?

kouannti an•ni aï?

EXPLORER LA VILLE

Tu veux bien me faire visiter la ville ?

Vorresti mostrarmi la città?

vorrésti mostrarmi la tchit•ta?

Quel est le meilleur bar d'après toi ?

Secondo te, qual è il bar migliore?

sékonndo té, koualé il bar miliyoré?

Quel est le meilleur endroit pour boire un café ?

Qual è il miglior posto per bere un caffè?

koualé il miliyor posto pér béré oun kaf•fé?

Quelle est ta librairie préférée ?

Qual è la tua libreria preferita?

koualé la toua libréri•a préférita?

Où est-ce tu aimes faire les magasins ?

Dove preferisci andare a fare shopping?

dové préférichi anndaré a faré chopinng?

Est-ce qu'il y a des festivals sympas de prévus dans les semaines à venir ?

Ci saranno dei festival buoni nelle prossime settimane?

tchi saran•no déï féstival bouoni nél•lé prossimé sèt•timané?

Où est-ce que je peux acheter des billets pour un concert ?
Dove posso comprare biglietti per concerti?
dové posso kommpraré bilyiét•ti pér konntchérti?

Pour quelles raisons aimes-tu vivre à...?
Perché ti piace vivere in ... ?
pérké ti piatché vivéré in ... ?

Ça te dirait qu'on sorte ensemble ce soir ?
Perché non usciamo insieme stasera?
pérké nonn ouchiamo innsiémé stasséra?

Ça te dirait de sortir avec moi un de ces jours ?
Ti piacerebbe uscire con me una volta?
ti piatchéréb•bé ouchiré konn mé ouna volta?

LA MÉTÉO

Quel temps fait-il aujourd'hui ?
Che tempo fa oggi?
ké témmpo fa odji?

Il fait beau aujourd'hui
Oggi fa bello
odji fa bél•lo

Il va y avoir du soleil dans les jours qui viennent ?
Ci sarà il sole nei prossimi giorni?
tchi sara il solé néï prossimi djorni?

Il fait froid
Fa freddo
fa fréd•do

Il fait chaud
Fa caldo
fa kaldo

Le soleil brille	C'è il sole *tché il solé*
Il pleut	Sta piovendo *sta piovénndo*

DIRE AU REVOIR

C'était sympa	È stato molto piacevole *é stato molto piatchévolé*
À bientôt !	A presto! *a présto!*
Salut !	Ciao! *tchao!*

NOTES

100% ITALIEN

DEMANDER DE L'AIDE

EN CAS D'URGENCE

J'ai besoin d'aide rapidement !
Ho urgente bisogno di aiuto!
o ourdjènnté bizognïo di aïouto!

Puis-je utiliser votre téléphone ?
Posso usare il telefono?
posso ouzaré il téléfono?

C'est urgent !
È un'emergenza!
é oun émérdjénntsa!

Attention !
Attenzione!
aténntsioné!

Au secours ! Au voleur !
Aiuto! Al ladro!
aïouto! al ladro!

Appelez la police !
Chiamate la polizia!
kiamaté la politsia!

Appelez un médecin !
Chiamate un medico!
kiamaté oun médiko!

Appelez une ambulance !
Chiamate un'ambulanza!
kiamaté oun ammboulanntsa!

CHEZ LE MÉDECIN

La consultation est à quelle heure ?
Qual è l'orario di visita?
koualé lorario di vizita?

Je voudrais prendre un rendez-vous
Vorrei fissare un appuntamento
vor•réï fissaré oun apounntaménnto

J'ai mal à la tête	Ho mal di testa *o mal di tésta*
J'ai des vertiges	Mi gira la testa *mi djira la tésta*
J'ai mal au cœur	Ho la nausea *o la na^{ou}zéa*
Je tousse sans arrêt	Ho la tosse tutto il tempo *o la tossé tout•to il témmpo*
Je suis allergique à la pénicilline	Sono allergico/a alla penicillina *sono al•lérdjiko/a al•la pénitchil•lina*
Je suis diabétique	Sono diabetico/a *sono diabétiko/a*
Je suis cardiaque	Sono cardiopatico/a *sono kardiopatiko/a*
J'ai de la fièvre	Ho la febbre *o la féb•bré*
J'ai mal à la gorge	Ho mal di gola *o mal di gola*
J'ai mal aux dents	Ho mal di denti *o mal di dénnti*
J'ai mal à l'oreille	Ho mal d'orecchio *o mal dorékio*
Je suis enceinte	Sono incinta *sono inntchinnta*
Je suis tombé(e)	Sono caduto/a *sono kadouto/a*

J'ai mal au dos
Mi fa male la schiena
mi fa malé la skiéna

J'ai mal à la jambe
Mi fa male la gamba
mi fa malé la gammba

J'ai mal aux bras
Mi fanno male le braccia
mi fan•no malé lé bratcha

Je dois aller d'urgence chez un médecin
Ho bisogno urgente di un medico
o bizognio ourdjénnté di oun médiko

Je dois aller d'urgence chez un dentiste
Ho bisogno urgente di un dentista
o bizognio ourdjénnté di oun dénntista

À LA PHARMACIE

Il y a une pharmacie par ici ?
C'è una farmacia qui vicino?
tché ouna farmatchia koui vitchino?

Avez-vous un remède contre le mal de tête ?
Ha un rimedio contro il mal di testa?
a oun rimédio konntro il mal di tésta?

Avez-vous un remède contre les allergies ?
Ha un rimedio contro l'allergia?
a oun rimédio konntro lal•lérdjia?

Avez-vous un remède contre la diarrhée ?	Ha un rimedio contro la diarrea? *a oun rimédio konntro la diaréa?*

PROBLÈMES

J'ai perdu mes clés de voiture	Ho perso le chiavi della macchina *o pérsso lé kiavi dél•la makina*
Je suis perdu	Mi sono perso/a *mi sono pérso/a*
Est-ce que vous pourriez faire venir un interprète ?	Potrebbe assistermi un interprete? *potréb•bé assistérmi oun inntérprété?*
J'ai un problème	Ho un problema *o oun probléma*
Est-ce que vous pouvez m'aider ?	Mi potrebbe aiutare? *mi potréb•bé aïoutaré?*
Où est le commissariat ?	Dov'è il commissariato? *dovè il kom•missariato?*
Où est l'hôpital ?	Dov'è l'ospedale? *dovè lospédalé?*
J'ai perdu mon porte-feuille	Ho perso il portafoglio *o pérsso il portafolio*

On m'a volé mon appareil photo	Mi hanno rubato la macchina fotografica *mi an•no roubato la makina fotografika*
J'ai été arrêté(e)	La polizia mi ha fermato/a *la polidzia mi a férmato/a*
Je suis malade	Sono malato/a *sono malato/a*
J'ai le mal du pays	Sento nostalgia *sénnto nostaldjia*
Je veux rentrer chez moi	Voglio tornare a casa *volio tornaré a kaza*
J'ai perdu mon passeport	Ho perso il passaporto *o pérsso il passaporto*
Je voudrais faire une déclaration de vol	Vorrei fare una denuncia di furto *vorréï faré ouna dénounntcha di fourto*
On m'a volé mon passeport	Il mio passaporto è stato rubato *il mio passaporto é stato roubato*
On m'a volé mon porte-feuille	Il mio portafoglio è stato rubato *il mio portafolio é stato roubato*
On m'a volé ma carte de crédit	La mia carta di credito è stata rubata *la mia karta di krédito é stata roubata*

On m'a volé mon téléphone portable	Il mio cellulare è stato rubato *il mio tchél•loularé é stato roubato*

HARCÈLEMENT

Ne me touche pas !	Non toccarmi! *nonn tok•karmi!*
Va-t-en, s'il te plaît !	Vattene per carità! *vat•téné pér karità!*
Je n'accepte pas ce type de comportement	Non accetto questo tipo di comportamento *nonn atchét•to kouésto tipo di kommportaménnto*
Ce n'est pas correct	Questo non è corretto *kouésto nonn é kor•rét•to*
Ce n'est pas ce qu'on avait convenu	Gli accordi non erano questi *lyi akordi nonn érano quésti*
Je ne vais pas payer ça !	Non intendo pagare questo! *nonn innténndo pagaré kouésto!*
C'est ridicule !	È ridicolo *è ridikolo*
Je vais aller voir la police	Vado alla polizia *vado al•la polidzia*

NOTES

100% ITALIEN

LES TRANSPORTS

ACHETER UN BILLET

Où puis-je acheter un billet / ticket ?	Dove posso comprare il biglietto? *dové posso kommpraré il bilyiét•to?*
Je voudrais un billet / ticket pour...	Vorrei un biglietto per … *vorréï oun bilyiét•to pér …*
Combien coûte un billet / ticket ?	Quanto costa il biglietto? *kouannto kosta il bilyiét•to?*
Deux billets / tickets, s'il vous plaît	Due biglietti, per favore *doué bilyiét•ti, pér favoré*
Un aller simple	Un'andata *oun anndata*
Un aller et retour	Un'andata e ritorno *oun anndata é ritorno*
Un pass pour la journée	Un biglietto giornaliero *oun bilyiét•to djornaliéro*

TRANSPORTS EN COMMUN

Où est la gare routière ?	Dov'è la stazione degli autobus? *dové la statsioné délyi a^{ou}tobouss?*
Ce bus va-t-il à...?	Questo è l'autobus per … ? *kouésto é la^{ou}tobouss pér … ?*

Cette place est-elle libre ?	È libero questo posto? *é libéro kouésto posto?*
À quelle heure part le dernier bus ?	A che ora parte l'ultimo autobus? *a ké ora parté loultimo a^{ou}tobouss?*
Quel (numéro de) bus dois-je prendre ?	Che linea devo prendere? *ké linéa dévo prénndéré?*
Quand arrive le prochain... ?	Quando passa il prossimo ...? *kouanndo passa il prossimo ...?*
À quelle heure part le train pour...?	A che ora parte il treno per ...? *a ké ora parté il tréno pér ... ?*
Quelle est la prochaine gare ?	Qual è la prossima fermata? *koualé la prossima férmata?*
De quel quai part le...?	Da quale binario parte il/la ... ? *da koualé binario parté il/ la ... ?*
Où est la station de métro ?	Dov'è la stazione della metropolitana? *dové la statsioné dél•la métropolitana?*

EN TAXI

Où est-ce qu'il y a une station de taxis ?	Dov'è il parcheggio dei taxi? *dové il parkédjo déï taxi?*

Pourriez-vous m'appeler un taxi ?	Mi potrebbe chiamare un taxi? *mi potréb•bé kiamaré oun taxi?*
Pourriez-vous me conduire à cette adresse ?	Potrebbe portarmi a questo indirizzo? *potréb•bé portarmi a kouésto indiridzo?*
Quel est le montant de la course ?	Quanto costa la corsa? *kouannto kosta la korsa?*
C'est trop cher	È troppo caro *è trop•po karo*
Mettez le compteur, s'il vous plaît	Può mettere il tassametro per favore? *pouo mét•téré il tassamétro pér favoré?*
Pourriez-vous m'attendre ici ?	Può aspettarmi qui? *pouo aspét•tarmi koui?*
Vous pourriez ralentir un peu, s'il vous plaît ?	Può andare più piano? *pouo anndaré piou piano?*
Vous pourriez aller un peu plus vite, s'il vous plaît ?	Può accelerare? *pouo atchéléraré?*
Pouvez-vous vous arrêter ici ?	Potrebbe fermare qui? *potréb•bé férmaré koui?*
À la gare, s'il vous plaît	Per favore, alla stazione *pér favoré, al•la statsioné*
À l'aéroport, s'il vous plaît	Per favore, all'aeroporto *pér favoré, al•aéroporto*

Au centre-ville, s'il vous plaît	Per favore, in centro *pér favoré, inn tchénntro*

LOUER UN VÉHICULE

Je voudrais louer un scooter	Vorrei noleggiare un motorino *vorréï nolédjaré oun motorino*
Je voudrais louer un vélo	Vorrei noleggiare una bicicletta *vorreï nolédjaré ouna bitchiklét•ta*
Je voudrais louer une voiture	Vorrei noleggiare una macchina *vorreï nolédjaré ouna makina*
Quel est le tarif par jour ?	Quanto costa al giorno? *kouannto kosta al djorno?*
Quel est le tarif hebdomadaire ?	Quanto costa alla settimana? *kouannto kosta al•la sét•timana?*
Dois-je payer une caution ?	Devo pagare una caparra? *dévo pagaré ouna kaparra?*
À combien s'élève la caution ?	Quant'è la caparra? *kouannté la kaparra?*

Qu'est-ce qui est compris dans le prix ?
Cos'è compreso nel prezzo?
kozé kommprézo nél prétso?

Est-ce que je peux également louer un GPS ?
Posso noleggiare anche un navigatore satellitare?
posso nolédjaré annké oun navigatoré satéllitaré?

Quelle est la vitesse maximale autorisée ?
Qual è la velocità massima?
koualé la vélotchita massima?

EN AVION

Je voudrais réserver un vol pour...
Vorrei prenotare un volo per ...
vorréï prénotaré oun volo pér ...

Je voudrais annuler ce vol
Vorrei annullare questo volo
vorréï an•noul•laré kouésto volo

Où se trouve le comptoir d'information ?
Dov'è il banco informazioni?
dové il bannko innformatsioni?

Où se trouve le comptoir d'enregistrement pour le vol de... heures à destination de... ?	A quale banco si fa il check-in per il volo delle ... per ...? *a koualé bannko si fa il tchék-inn pér il volo dél•lé ... pér ...?*
Nous voudrions être assis l'un à côté de l'autre	Vorremmo stare seduti vicini *vorrèm•mo staré sédouti vitchini*
Je voudrais un siège côté fenêtre	Vorrei un posto vicino al finestrino *vorréï oun posto vitchino al finéstrino*
Je voudrais un siège côté couloir	Vorrei un posto corridoio *vorréï oun posto korridoio*
J'ai peur en avion	Ho paura dell'aereo *o paºura dél•laéréo*
Ma valise a disparu	La mia valigia è scomparsa *la mia validja é skommparsa*

NOTES

100% ITALIEN

LES ACHATS

PAYER PAR CARTE

Je cherche un distributeur de billets	Cerco un bancomat *tchérko oun bannkomatt*
Où est-ce que je peux trouver une banque près d'ici ?	C'è una banca qui vicino? *tché ouna bannka koui vitchino?*
Est-ce que je peux payer avec une carte de crédit ?	Posso pagare con la carta di credito? *posso pagaré konn la karta di krédito?*
Ma carte est bloquée	La mia carta è stata bloccata *la mia karta è stata blok•kata*
Est-ce que je peux payer par carte ?	Posso pagare con un bancomat? *posso pagaré konn oun bannkomatt?*
Est-ce que je peux payer par carte ?	Posso pagare con la carta? *posso pagaré konn la karta?*

AUTRES REQUÊTES

Combien ça coûte ?	Questo quanto costa? *kouésto kouannto kosta?*
Pourriez-vous m'écrire le prix ?	Mi può scrivere il prezzo? *mi pouo skrivéré il prétso?*
Pourriez-vous me l'emballer ?	Potrebbe confezionarlo? *potréb•bé konnfétsionarlo?*
Vous auriez un sac ?	Ha una busta? *a ouna bousta?*

NÉGOCIER

Puis-je avoir une remise ?	Mi fa lo sconto? *mi fa lo skonnto?*
C'est trop cher	È troppo caro *é trop•po karo*
Vous plaisantez, n'est-ce pas !	Sta scherzando, vero? *sta skértsanndo, véro?*
Je vous en donne la moitié *(de la somme)*	Le pagherò la metà *lé paguéro la méta*
C'est du vol !	È un furto! *è oun fourto!*
Marché conclu	Affare fatto *af•faré fat•to*

NOTES

100% ITALIEN

LES TÉLÉCOMMUNICATIONS

TÉLÉPHONER

J'ai besoin d'un chargeur pour mon portable	Ho bisogno di un caricabatteria per il mio cellulare *o bizogno di oun karikabat•téria pér il mio tchél•loularé*
Est-ce que je peux passer un coup de fil ?	Potrei fare una telefonata? *potréï faré ouna téléfonata?*

E-MAILS & INTERNET

Où puis-je trouver un cybercafé ?	Dove trovo un internet café? *dové trovo oun inntérnétt kafé?*
Est-ce que vous avez Internet ?	Avete una connessione a internet? *avété ouna kon•néssioné a inntérnétt?*
Disposez-vous du WiFi ?	Avete la connessione WiFi? *avété la kon•néssioné ouaïfaï?*

Combien coûte l'accès à l'Internet sans fil ?	Quanto costa usare la connessione wireless? *kwannto kosta ouzaré la kon•néssioné ouaïarléss?*
Où puis-je avoir un accès à Internet ?	Dove posso connettermi a internet? *dové posso con•nét•térmi a inntérnétt?*
Combien ça coûte ?	Quanto costa? *kouannto kosta?*
Je n'arrive pas à me connecter	Non riesco ad avere la connessione *nonn riésko ad avéré la kon•néssioné*
Je n'arrive pas à m'identifier	Non riesco a fare il log-in *nonn riésko a faré il log-in*
J'aimerais lire mes e-mails	Vorrei controllare la mia e-mail *vorréï konntrol•laré la mia é-mail*
J'aimerais imprimer quelques pages	Vorrei stampare un paio di pagine *vorréï stammparé oun païo di padjiné*
Je voudrais utiliser un scanner	Vorrei usare uno scanner *vorréï ouzaré ouno scannér*

Puis-je imprimer ici ?
È possibile stampare un documento?
é possibilé stammparé oun dokouménnto?

Puis-je faire graver un CD ici ?
Posso far masterizzare un CD?
posso far mastéritsaré oun CD?

COURRIER

Où est-ce que je peux trouver une boîte aux lettres ?
Dove posso trovare una buca delle lettere?
dové posso trovaré ouna bouka dél•lé lét•téré?

Où est-ce que je peux acheter des timbres ?
Dove posso comprare i francobolli?
dové posso kommpraré i frannkobol•li?

NOTES

NOTES

100% ITALIEN

À L'HÔTEL

RÉSERVER UNE CHAMBRE

J'ai réservé une chambre	Ho prenotato una camera *o prénotato ouna kaméra*
Avez-vous encore des chambres libres ?	Ha camere libere? *a kaméré libéré?*
Je voudrais réserver une chambre	Vorrei prenotare una camera *vorréï prénotaré ouna kaméra*
Pour une nuit	Per una notte *pér ouna not•té*
Pour deux nuits	Per due notti *pér doué not•ti*
Pour une semaine	Per una settimana *pér ouna sét•timana*
Combien coûte une chambre pour deux personnes ?	Quanto costa una camera doppia? *kouannto kosta ouna kaméra dop•pia?*
Combien coûte une chambre pour une personne ?	Quanto costa una camera singola? *kouannto kosta ouna kaméra sinngola?*
Dois-je payer quelques nuits à l'avance ?	Devo pagare alcune notti in anticipo? *dévo pagaré alkouné not•ti in anntitchipo?*

Puis-je payer par carte de crédit ?	Posso pagare con la carta di credito? *posso pagaré konn la karta di krédito?*
Le petit déjeuner est-il compris dans le prix ?	È compresa la colazione? *é kommpréza la kolatsioné?*
À quelle heure puis-je pendre mon petit déjeuner ?	A che ora posso fare colazione? *a ké ora posso faré kolatsioné?*
Jusqu'à quelle heure est le petit déjeuner ?	Fino a che ora viene servita la colazione? *fino a ké ora viéné sérvita la kolatsioné?*

RÉGLER LA NOTE

Je voudrais libérer la chambre	Vorrei lasciare la camera *vorréï lachiaré la kaméra*
Puis-je laisser mon bagage ici ?	Posso lasciare il mio bagaglio qui? *posso lachiaré il mio bagalyo koui?*
Où puis-je laisser mes bagages ?	Dove posso lasciare i bagagli? *dové posso lachiaré i bagalyi?*

AU COURS DU SÉJOUR

Pourriez-vous me mettre par écrit l'adresse de l'hôtel ?	Mi potrebbe scrivere l'indirizzo dell'albergo? *mi potréb•bé skrivéré linndiritso dél•lalbérgo*
Vous avez un plan avec le nom de l'hôtel ?	Ha una pianta con il nome dell'hotel? *a ouna piannta konn il nomé dél•lotél?*
Y a-t-il un coffre-fort ?	C'è una cassaforte? *tché ouna kassaforté?*
J'ai oublié le code du coffre-fort	Ho perso il codice della cassaforte *o pérsso il koditché dél•la kassaforté*
Est-ce que je pourrais avoir une serviette ?	Ha un asciugamano per favore? *a oun achiougamano pér favoré?*
Est-ce que je peux mettre les boissons sur mon compte ?	Posso mettere le bevande sul mio conto? *posso mét•téré lé bévanndé soul mio konnto?*
Qu'est-ce que vous proposez comme activités ?	Quali attività si organizzano qui? *kouali at•tivita si organitsano koui?*

Avez-vous une bouilloire ?	Ha un bollitore per favore? *a oun bol•litoré pér favoré?*
Avez-vous des DVD à louer ?	Avete a noleggio dei dvd? *avété a nolédjo déï dévédé?*
Est-ce que je peux laver mon linge ici ?	È possibile lavare i vestiti qui? *é possibilé lavaré i véstiti koui?*
Est-ce que je peux utiliser la cuisine ?	Potrei usare la cucina? *potréï ouzaré la koutchina?*
Est-ce que je peux laisser mon sac ici ?	Posso lasciare qui la borsa per favore? *posso lachiaré koui la borssa pér favoré?*
Quel est le mot de passe WiFi ?	Qual è la password per il WiFi? *koualé la password pér il ouaïfaï?*

RÉCLAMATIONS

Je voudrais une autre chambre	Vorrei un'altra camera *vorréï ounaltra kaméra*
La chambre n'est pas propre	La camera non è pulita *la kaméra nonn é poulita*

La climatisation ne marche pas	Il condizionatore d'aria non funziona *il konnditsionatoré daria nonn founntsiona*
Le chauffage ne marche pas	Il riscaldamento non funziona *il riskaldaménnto nonn founntsiona*
Il n'y a pas de serviettes	Non ci sono gli asciugamani *nonn tchi sono lyi achiougamani*
Je veux récupérer mon argent	Voglio essere rimborsato/a *volyio ésséré rimmborzato/a*
La douche est sale	La doccia è sporca *la dotcha é sporka*
Il n'y a plus de papier toilette	È finita la carta igienica *é finita la karta idjènika*
Mon lit n'est pas propre	Il letto non è pulito *il lét•to nonn é pulito*
Les draps sont sales	Le lenzuola sono sporche *lé lènntsouola sono sporké*

NOTES

NOTES

100% ITALIEN

EN VISITE

DEMANDER DES INFORMATIONS

Est-ce qu'il y a un parc où on peut pique-niquer ?	C'è un parco dove si può fare il picnic? *tché oun parko dové si pouo faré il piknik?*
D'où a-t-on la plus belle vue sur la ville ?	Dove posso trovare la miglior vista panoramica della città? *dové posso trovaré la milyior vista panoramika dél•la tchita?*
Pouvez-vous m'indiquer le chemin de... ?	Mi saprebbe dire dov'è ...? *mi sapréb•bé diré dové ...?*
Qu'est-ce qu'il y a comme activités gratuites à faire ici ?	Quali attività si possono fare gratuitamente? *kouali at•tivita si possono faré gratouitaménnté?*
Où est-ce que tu aimes aller quand tu as une journée de libre ?	Dove ti piace andare quando hai un giorno libero? *dové ti piatché anndaré kouanndo aï oun djorno libéro?*

À quelle heure commence la prochaine visite guidée ?	A che ora inizia la prossima visita guidata? *a ké ora initsia la prossima vizita gouidata?*
Où doit-on se retrouver ?	Qual è il punto di ritrovo? *koualé il pounnto di ritrovo?*

NOTES

100% ITALIEN

LE SHOPPING

LÈCHE-VITRINES

Je peux regarder ? Posso dare un'occhiata?
posso daré oun okiata?

Je ne fais que regarder, merci Vorrei solo dare un'occhiata
vorréï solo daré oun okiata

Il y a des soldes ? Ci sono i saldi?
tchi sono i saldi?

Super ! Fantastico!
fanntastico!

ESSAYER, ACHETER, ÉCHANGER

Puis-je l'essayer ? Posso provarlo?
posso provarlo?

Où se trouvent les cabines d'essayage ? Dov'è il camerino di prova?
dovè il kamérino di prova?

Où est-ce qu'il y a un miroir ? Dov'è lo specchio?
dovè lo spékio?

Ça ne me va pas Non mi sta bene
nonn mi sta béné

Avez-vous la taille au-dessus ? Ha una misura più grande?
a ouna mizoura piou granndé?

Avez-vous la taille en dessous ? Ha una misura più piccola?
a ouna mizoura piou pikola?

Ça te va à merveille Ti sta molto bene
ti sta molto béné

Je suis accro aux chaussures	Le scarpe mi fanno impazzire *lé skarpé mi fan•no immpatsiré*
Je peux l'échanger ?	Posso cambiarlo? *posso kammbiarlo?*
Pourriez-vous me rembourser ?	Mi può restituire i soldi? *mi pouo réstitouiré i soldi?*
Pourriez-vous me l'emballer ?	Potrebbe confezionarlo? *potréb•bé konnfétsionarlo?*

LA PANOPLIE DU TOURISTE

Vous vendez des guides de voyage ?	Vendete guide turistiche? *vénndété gouidé touristiké?*
Où est-ce que je peux acheter un appareil photo ?	Dove posso comprare una nuova macchina fotografica? *dové posso kommpraré ouna nouova makina fotografika?*
Où est-ce que je peux acheter des piles ?	Dove posso comprare le pile? *dové posso kommpraré lé pilé?*

NOTES

100% ITALIEN

SE RESTAURER

AU RESTAURANT

Bon appétit !	Buon appetito! *bouonn apétito!*
À la vôtre !	Cin cin! *tchin tchin!*
Garçon !	Cameriere! *kamériéré!*

RÉSERVER UNE TABLE

Avez-vous une table libre ?	Avete un tavolo libero? *avété oun tavolo libéro?*
Une table pour deux, s'il vous plaît	Un tavolo per due, per favore *oun tavolo pér doué, pér favoré*
Pourriez-vous nous réserver une table ?	Potrebbe prenotarci un tavolo? *potréb•bé prénotartchi oun tavolo?*
J'ai réservé une table pour deux personnes	Ho prenotato un tavolo per due *o prénotato oun tavolo pér doué*

COMMANDER

La carte, s'il vous plaît	Il menu, per favore *il ménou, pér favoré*
La carte des vins, s'il vous plaît	La carta dei vini, per favore *la karta déï vini, pér favoré*
Quel est le menu du jour ?	Qual è il menu del giorno? *koualé il ménou dél djorno?*
Qu'est-ce que vous me conseillez ?	Che cosa mi consiglia? *ké koza mi konnssilyia?*
Nous aimerions commander	Vorremmo ordinare *vorémmo ordinaré*
Je suis végétarien	Sono vegetariano *sono védjétariano*
Je suis végétarienne	Sono vegetariana *sono védjétariana*
Quelle est la spécialité locale ?	Qual è la specialità locale? *koualé la spétchalita lokalé?*
J'aimerais goûter un plat local	Vorrei assaggiare un piatto locale *vorréï assadjaré oun piat•to lokalé*

Pourrions-nous avoir une corbeille de pain ?	È possibile avere un cestino di pane? *è possibilé avéré oun tchéstino di pané?*
Pourrions-nous avoir une carafe d'eau ?	È possibile avere una caraffa d'acqua? *è possibilé avéré ouna karaf•fa dakoua?*
Auriez-vous du sel et du poivre ?	Ha pepe e sale, per favore? *a pépé é salé, pér favoré?*
Auriez-vous de l'huile et du vinaigre ?	Ha olio e aceto, per favore? *a olio é atchéto, pér favoré?*
Pourrais-je avoir une serviette ?	È possibile avere un tovagliolo? *è possibilé avéré oun tovalyiolo?*
Pourriez-vous servir la sauce à part ?	Potrebbe servire il sugo separatamente? *potréb•bé sérviré il sougo séparataménnté?*
Quelles liqueurs proposez-vous ?	Quali liquori ha? *kouali likouori a?*
Quelles bières avez-vous à la pression ?	Quali birre ha alla spina? *kouali birré a al•la spina?*
Quel est le meilleur cocktail ?	Quale cocktail è quello più buono? *koualé koktél é kouél•lo piou bouono?*

Est-ce que je peux avoir une paille ?	Vorrei una cannuccia, per favore *vorréï ouna kan•noutcha pér favoré*
Est-ce que je peux avoir des glaçons avec ?	Con ghiaccio, per favore *konn guiatcho pér favoré*
Est-ce que je peux avoir une rondelle de citron avec ?	Vorrei una fettina di limone, per favore *vorréï ouna fét•tina di limoné pér favoré*
Avez-vous du citron vert ?	Ha il lime? *a il laïm?*
Avez-vous du gâteau au chocolat ?	Ha la torta al cioccolato? *a la torta al tchokolato?*
Avez-vous un bonbon à la menthe ?	Ha una mentina? *a ouna ménntina?*

RÉCLAMATIONS

Ce n'est vraiment pas bon	Non è buono *nonn è bouono*
Il y en a encore pour longtemps ?	Dobbiamo aspettare ancora parecchio? *dob•biamo aspét•taré annkora parékio?*
Ce n'est pas assez cuit	È ancora crudo *è annkora kroudo*

SAVOIR COMPLIMENTER

C'est bon !	È buono! *è bouono*
Mes compliments au cuisinier !	Complimenti al cuoco! *kommpliménnti al kouoko!*

L'ADDITION

L'addition, s'il vous plaît	Il conto, per favore *il konnto, pér favoré*
Je voudrais payer	Vorrei pagare *vorréï pagaré*
Gardez la monnaie	Tenga pure il resto! *ténnga pouré il résto!*

À LA CARTE

LES FRUITS ET LÉGUMES

Aglio	Ail
Arancia	Orange
Banana	Banane
Basilico	Basilic
Cetriolo	Concombre
Ciliegia	Cerise
Cipolla	Oignon

Fragola	Fraise
Insalata	Salade
Limone	Citron
Mandarino	Mandarine
Mela	Pomme
Melanzana	Aubergine
Melone	Melon
Menta	Menthe
Patata	Pomme de terre
Peperone	Poivron
Pera	Poire
Pesca	Pêche
Pomodoro	Tomate
Prezzemolo	Persil
Uva	Raisin
Verdura	Légumes verts
Zucca	Potiron

LES VIANDES ET VOLAILLES

Agnello al forno	Agneau au four
Arista di maiale	Carré de porc
Bistecca alla fiorentina	Côte de bœuf sur le gril
Carpaccio	Carpaccio de bœuf
Cinghiale in salmi	Sanglier en civet
Filetto al pepe	Filet au poivre
Involtini	Paupiettes
Porchetta	Cochon de lait rôti

Saltimbocca alla romana	Escalopes de veau coupées très fines et cuites avec des tranches de jambon cru et des feuilles de sauge
Tortellini	Pâtes aux œufs en forme d'anneaux généralement farcies à la viande

LES POISSONS ET FRUITS DE MER

Bistecca di tonno alla senape e cipolla	Steak de thon à la moutarde et à l'oignon
Frutti di mare	Fruits de mer
Fagioli Toscani col tonno	Salade de haricots et de thon
Medaglioni di sogliola e salmone	Médaillons de sole et de saumon
Orata alla Pugliese	Daurade au four accompagnée de pommes de terre, spécialité des Pouilles
Pesce spada	Espadon
Sogliole alla mugnaia	Soles meunière
Trancio di tonno	Tranche de thon

LES ACCOMPAGNEMENTS

Fagioli all'uccelletto	Salade de haricots et thon
Fiori di zucca fritti	Fleurs de courgettes frites
Insalata verde	Salade verte
Insalata mista	Salade mixte
Insalata di pomodori	Salade de tomates
Patate fritte	Frites
Spinaci bolliti	Épinards bouillis

LES DESSERTS

Cantuccini	Biscuits aux amandes, spécialité de Toscane
Castagnaccio	Gâteau à base de farine de châtaignes, aux pignons et aux raisins secs
Dolce di frutta	Gâteau de fruits
Frutta fresca	Fruits frais
Gelato misto	Boules de glace de différents parfums
Tiramisù	Tiramisu
Torta di fragole	Tarte / Gâteau aux fraises
Zabaione	Sabayon
Zuccotto	Bombe glacée, spécialité de Toscane

Zuppa inglese	Flan imbibé de liqueur, spécialité du Centre de l'Italie

LES BOISSONS

Acqua minerale	Eau minérale
Birra	Bière
Caffè con panna	Café liégeois
Caffè corretto	Café arrosé
Caffè doppio	Double café
Caffè freddo	Café glacé
Caffelatte	Café au lait
Caffè lungo	Café allongé
Caffè machiato	Noisette
Caffè ristretto	Café serré
Cappuccino	Cappuccino
Cioccolata calda	Chocolat chaud
Espresso	Expresso
Granita al caffè	Sorbet au café, à base de glace pilée
Spremuta d'arancia	Orange pressée
Succhi di frutta	Jus de fruits
Tè freddo	Thé glacé
Vino	Vin

NOTES

NOTES

100% ITALIEN

RELATIONS AMOUREUSES

SE DÉCOUVRIR

Salut, puis-je m'asseoir avec vous ?	Ciao, posso sedermi? *tchao, posso sédérmi?*
J'ai envie de danser avec toi	Vorrei ballare con te *vorréï bal•laré konn té*
Tu t'appelles comment ?	Come ti chiami? *komé ti kiami?*
D'où viens-tu ?	Da dove vieni? *da dové viéni?*
Tu as quel âge ?	Quanti anni hai? *kouannti an•ni aï?*
Tu as un petit ami ?	Hai un ragazzo? *aï oun ragatso?*
Tu as une petite amie ?	Hai una ragazza ? *aï ouna ragatsa ?*
Tu es marié ?	Sei sposato? *séï spozato?*
Tu es mariée ?	Sei sposata? *séï spozata?*
Je suis célibataire	Sono single *sono sinngueule*
Je suis amoureuse !	Sono innamorata! *sono inamorata!*
Je suis amoureux !	Sono innamorato! *sono inamorato!*
Tu te moques de moi !	Mi prendi in giro! *mi prénndi inn djiro*

Tu me plais
Mi piaci
mi piatchi

Tu es mignon(ne)
Sei carino/a
séï karino/a

On a l'air de bien s'entendre
Secondo me tra noi c'è feeling
sékonndo mé tra noï tché 'félinng'

Tu es la plus belle femme que j'aie jamais rencontrée
Sei la donna più bella che abbia mai incontrato
séï la don•na piou bél•la ké ab•bia maï innkonntrato

Tu es l'homme le plus séduisant que j'aie jamais vu
Sei l'uomo più attraente che abbia mai incontrato
séï louomo piou at•traénnté ké ab•bia maï innkonntrato

Tu es beau, belle
Sei bello/a
séï bél•lo/a

Tu es adorable
Sei adorabile
séï adorabilé

Je suis amoureux(euse) de toi
Sono innamorato/a di te
sono in•namorato/a di té

Je suis ton chevalier sur son cheval blanc
Sono il tuo principe azzurro
sono il touo prinntchipé atsouro

Tu as de beaux yeux	Hai gli occhi belli *aï lyi ok•ki bél•li*
Tu as de belles jambes	Hai le gambe belle *aï lé gammbé bél•lé*
Tu as un joli sourire	Hai un bel sorriso *aï oun bél sor•rizo*

OBTENIR UN RENDEZ-VOUS

Tu veux boire quelque chose ?	Vuoi bere qualcosa? *vouoi béré koualkoza?*
On va manger quelque chose ?	Mangiamo qualcosa insieme? *manndjamo koualkoza innsiémé?*
Tu danses ?	Vuoi ballare con me? *vouoi bal•laré konn mé?*
Je te raccompagne jusqu'à chez toi ?	Ti accompagno a casa? *ti akkommpagno a kaza?*
J'aimerais bien te revoir	Mi piacerebbe vederti ancora una volta *mi piatchéréb•bé védérti annkora ouna volta*
Quand est-ce qu'on se revoit ?	Quando ci rivediamo? *kouanndo tchi rivédiamo?*
Tu as prévu quelque chose pour demain ?	Hai già programmi per domani? *ai dja program•mi pér domani?*

Merci pour cette agréable soirée
Grazie per la bella serata
gratsié pér la bél•la sérata

Quel est ton numéro de portable ?
Qual è il tuo cellulare?
koualè il touo tchél•loularé?

Quelle est ton adresse e-mail ?
Qual è il tuo indirizzo e-mail?
koualé il touo inndiritso é-mèïl?

Voici mon numéro de téléphone
Questo è il mio numero di telefono
kouésto è il mio nouméro di téléfono

Voici mon adresse e-mail
Questo è il mio indirizzo e-mail
kouésto è il mio inndiritso é-mèïl

Tu es sur Facebook ?
Sei su Facebook?
séï sou Feissbouk?

Tu as MSN ?
Usi MSN?
ouzi émmé éssé énné?

Je ne veux plus te revoir
Non ti voglio più vedere
nonn ti volyio piou védéré

ET PLUS SI AFFINITÉS...

J'ai envie de t'embrasser	Ho voglia di baciarti *o volyia di batcharti*
Est-ce que je peux t'embrasser ?	Ti posso baciare? *ti posso batcharé*
Je te trouve très attirant(e)	Ti trovo molto attraente *ti trovo molto atraénnté*
Tu prends la pilule ?	Usi la pillola? *ouzi la pil•lola?*
Tu restes dormir ?	Dormi da me? *dormi da mé?*
Je veux coucher avec toi	Voglio venire a letto con te *volyio véniré a lét•to konn té*
Tu as un préservatif sur toi ?	Hai un preservativo? *ai oun prézérvativo?*
Où est-ce que je peux acheter des préservatifs ?	Dove posso comprare preservativi? *dové posso kommpraré prézérvativi?*
T'es un bon coup	Sei un amante fantastico *séï oun amannté fanntastiko*
T'es un tombeur	Sei un casanova *séï oun kazanova*

Tu veux bien arrêter de ronfler ?

Ti prego di smettere di russare

ti prégo di smét•téré di roussaré

NOTES

100% ITALIEN

LEXIQUE

FRANÇAIS - ITALIEN

A

à	a	*a*
adorable	adorabile	*adorabilé*
agent de change	l'operatore di borsa	*lopératoré di borssa*
agent immobilier	l'agente immobiliare	*ladjénnté im•mobiliaré*
agréable	piacevole	*piatchévolé*
aider	aiutare	*aïoutaré*
ail	l'aglio	*lalyio*
air	l'aria	*laria*
amour	l'amore	*lamoré*
ananas	l'ananas	*lananass*
annonce	l'annuncio	*lan•nounntcho*
araignée	il ragno	*il ranio*
arbre	l'albero	*lalbéro*
argent *(pour payer)*	il denaro	*il dénaro*
argent *(métal)*	l'argento	*lardjénnto*
arrogant(e)	arrogante	*arrogannté*
artiste	l'artista	*lartista*
ascenseur	l'ascensore	*lachénnssoré*
assaisonnement	il condimento	*il konndiménnto*
assiette	il piatto	*il piat•to*
attendre	aspettare	*aspét•taré*
« attention aux pickpockets »	"attenzione ai borseggiatori"	*at•ténntsioné aï borsédjatori*
attirant(e)	attraente	*atraénnté*
aubergine	la melanzana	*la mélanntsana*

au-dessus	sopra	*sopra*
avantage	il vantaggio/a	*il vanntadjo/a*
avantageux(euse)	vantaggioso	*vanntadjosso*
avec	con	*konn*
aventure	l'avventura	*lavénntoura*
avion	l'aeroplano	*laéroplano*
avocat *(métier)*	l'avvocato	*lavokato*
avoir	avere	*avéré*

B

bagages	i bagagli	*i bagalyi*
bague	l'anello	*lanél•lo*
banane	la banana	*la banana*
banque	la banca	*la bannka*
bar	il bar	*il bar*
bar de la plage	lo stabilimento balneare	*lo stabiliménnto balnéaré*
barbecue	il barbecue	*il barbékiou*
barman	il barista	*il barista*
baskets	le scarpe da tennis	*lé skarpé da téniss*
bateau	la barca	*la barka*
beau, belle	bello/a	*bél•lo/a*
beaucoup	molto	*molto*
bière	la birra	*la birra*
bifteck	la bistecca	*la bisték•ka*
bikini	il bikini	*il bikini*
biscuits	i biscotti	*i biskot•ti*
blanc, blanche	bianco/a	*biannko/a*
bleu(e)	blu	*blou*

boire	bere	*béré*
boîte de nuit	la discoteca	*la diskotéka*
bon, bonne	buono/a	*bouono/a*
bon marché	economico/a	*ékonomiko/a*
bottes	gli stivali	*lyi stivali*
boucles d'oreilles	gli orecchini	*lyi orék•kini*
bougie	la candela	*la kanndéla*
bourré(e)	ubriaco/a	*oubriako/a*
bouteille	la bottiglia	*la botilyia*
boxer	il boxer	*il boksér*
bras	il braccio *(sing.)*, le braccia *(pl.)*	*il bratcho* *lé bratcha*
brasserie	la birreria	*la birréria*
bronzer	prendere il sole	*prénndéré il solé*
brosse à cheveux	la spazzola per capelli	*la spatsola pér kapél•li*
brosse à dents	lo spazzolino da denti	*lo spatsolino da dénnti*
buisson	il cespuglio	*il tchéspoulyio*
bus	l'autobus	*la^{ou}tobouss*

C

cabine de douche	la cabina doccia	*la kabina dotcha*
caddie	il carrello della spesa	*il karrél•lo dél•la spéza*
cafard	lo scarafaggio	*lo skarafadjo*
café	il caffè	*il kaf•fè*
caleçon	il boxer	*il boksér*
camelote	la robaccia	*la robatcha*
capitaine *(de bateau)*	il capitano	*il kapitano*

carafe	la caraffa	*la karaf•fa*
carotte	la carota	*la karota*
cartes	le carte	*lé karté*
casquette	il berretto	*il bérrét•to*
cassé(e)	guasto/a	*gouasto/a*
centre commercial	il centro commerciale	*il tchénntro kom•mértchalé*
chaîne	la catena	*la katéna*
chaise	la sedia	*la sédia*
chambre	la camera	*la kaméra*
chambre d'hôtel	la camera d'albergo	*la kaméra dalbérgo*
chat	il gatto	*il gat•to*
chauffeur	l'autista	*laoutista*
chaussettes	i calzini	*i kaltsini*
cher, chère	caro/a	*karo/a*
cheval	il cavallo	*il kaval•lo*
cheveux	i capelli	*i kapél•li*
cheville	la caviglia	*la kavilya*
chien	il cane	*il kané*
chips	le patatine	*lé patatiné*
chocolat	il cioccolato	*il tchokolato*
cigarette	la sigaretta	*la sigarét•ta*
cinéma	il cinema	*il tchinéma*
ciseaux	le forbici	*lé forbitchi*
cochon	il maiale	*il maïalé*
cocktail	il cocktail	*il cocktail*
cœur	il cuore	*il kouoré*
comptable	il ragioniere	*il radjoniéré*

concombre	il cetriolo	*il tchétriolo*
conduire	guidare	*gouidaré*
se connecter	connettersi	*konét•térssi*
corde	la corda	*la korda*
corde à linge	il filo per il bucato	*il filo pér il boukato*
à côté (de)	accanto a	*ak•kannto a*
cotons démaquillants	i dischetti di ovatta	*i diskét•ti di ovat•ta*
Cotons tiges	i cotton fioc	*i koton fjok*
couleur	il colore	*il koloré*
couloir	il corridoio	*il korridoïo*
courgette	la zucchina	*la tsoukina*
courir	correre	*korréré*
courses	la spesa	*la spéza*
coussin	il cuscino	*il kouchino*
couteau	il coltello	*il koltél•lo*
crayon pour les yeux	la matita per gli occhi	*la matita pér lyi ok•ki*
crème pour le visage	la crema (per il) viso	*la kréma (pér il) vizo*
crème pour les mains	la crema per le mani	*la kréma pér lé mani*
crevettes	i gamberetti	*i gammbérét•ti*
crier	gridare	*gridaré*
cuillère	il cucchiaio	*il kouk•kiaïo*
cuisine	la cucina	*la koutchina*
cuisiner	cucinare	*koutchinaré*
cuisinier	il cuoco	*il kouoko*

cuisinière	i fornelli	*i fornél•li*
cuisinière à gaz	la cucina a gas	*la koutchina a gaz*
cuisse de poulet	la coscia di pollo	*la kochia di pol•lo*
cuisses	le cosce	*lé koché*
cure-dents	gli stuzzicadenti	*lyi stoutsikadénnti*

D

dans	in	*inn*
danser	ballare	*bal•laré*
dauphin	il delfino	*il délfino*
déchiré(e)	strappato/a	*strap•pato/a*
délicieux(euse)	delizioso/a	*délitsiosso/a*
demander	chiedere	*kiédéré*
demi-litre	mezzo litro	*métso litro*
dentifrice	il dentifricio	*il dénntifritcho*
dentiste	il dentista	*il dénntista*
se dépêcher	sbrigarsi	*sbrigarssi*
désagréable	antipatico/a	*anntipatiko/a*
dessous de plat	il sottopentola	*il sot•topénntola*
se détendre	rilassarsi	*rilassarssi*
DJ	il DJ	*il didjèï*
doigts	le dita	*lé dita*
donner	dare	*daré*
dormir	dormire	*dormiré*
drap	il lenzuolo	*il lénntsouolo*
droite	destra	*déstra*
à droite	a destra	*a déstra*

E

eau	l'acqua	*lakoua*
éboueur	il netturbino	*il nét•tourbino*

écharpe	la sciarpa	*la chiarpa*
écouter	ascoltare	*askoltaré*
écrire	scrivere	*skrivéré*
embrasser	baciare	*batcharé*
ennuyeux(euse)	noioso/a	*noïozo/a*
entrée (accès)	l'entrata	*lénntrata*
« entrée interdite »	"ingresso vietato"	*inngrésso viétato*
entrepreneur en bâtiment	il costruttore edile	*il kostrout•toré édilé*
épaule	la spalla	*la spal•la*
Escalator®	la scala mobile	*la skala mobilé*
escalier	la scala	*la skala*
escalope de poulet	la fettina di pollo	*il fét•tina di pol•lo*
escargot	la lumaca	*la loumaka*
espace fumeurs	l'area fumatori	*laréa foumatori*
estomac	lo stomaco	*lo stomako*
éternuer	starnutire	*starnoutiré*
étoiles	le stelle	*lé stél•lé*
être	essere	*ésséré*
être *(rester)*	stare	*staré*
être allongé(e)	giacere	*djatchéré*
éveillé(e)	sveglio/a	*svélyio/a*

F

facteur	il postino	*il postino*
faire de l'autostop	fare l'autostop	*faré la^{ou}tostop*
faire demi-tour	tornare indietro	*tornaré inndiétro*
faire du footing	fare jogging	*faré djog•ginng*

faire du vélo	andare in bicicletta / pedalare	*anndaré inn bitchiklét•ta / pédalaré*
faire la grasse matinée	dormire fino a tardi	*dormiré fino a tardi*
faire l'amour	fare l'amore	*faré lamoré*
fantastique	fantastico/a	*fanntastiko/a*
fard à paupières	l'ombretto	*lommbrét•to*
fatigué	stanco	*stannko*
fenêtres	le finestre	*lé finéstré*
fermeture Éclair®	la cerniera lampo	*la tchérniéra lammpo*
fesses	il sedere	*il sédéré*
fitness	il fitness	*il fitnéss*
fleur	il fiore	*il fioré*
flirter	flirtare	*flirtaré*
foie	il fegato	*il fégato*
fond de teint	il fondotinta	*il fonndotinnta*
football	il calcio	*il kaltcho*
en forme	in forma	*inn forma*
fourchette	la forchetta	*la forkét•ta*
fraises	le fragole	*lé fragolé*
fromage	il formaggio	*il formadjo*
front	la fronte	*la fronnté*
fruit	la frutta	*la frouta*
fruit de la passion	il frutto della passione	*il frouto dél•la passioné*
fumer	fumare	*foumaré*

G

gants	i guanti	*i gouannti*
garage	il garage	*il garadje*
garage à vélos	il garage per le biciclette	*il garadjé pér lé bitchiklét•té*
gâteau	la torta / il dolce	*la torta / il doltché*
gauche	sinistra	*sinistra*
à gauche	a sinistra	*a sinistra*
gel (pour les cheveux)	il gel (per capelli)	*il gél (pér kapél•li)*
gentil, gentille	simpatico/a	*simmpatiko/a*
glaçon	il cubetto di ghiaccio	*il koubét•to di guiatcho*
gorge	la gola	*la gola*
grenouille	la rana	*la rana*
gris(e)	grigio/a	*gridjo/a*
guide	la guida	*la gouida*

H

hanches	i fianchi	*i fiannki*
herbe	l'erba	*lérba*
horaires de départ	gli orari di partenza	*lyi orari di parténntsa*
hôtesse de l'air	l'assistente di volo	*lassisténnté di volo*
huile	l'olio	*lolio*
huile solaire	l'olio solare	*lolio solaré*

I

imperméable	l'impermeabile	*limmpérméabilé*
imprimer	stampare	*stammparé*

information	l'informazione	*linnformatsioné*
« interdiction de fumer »	"divieto di fumare"	*diviéto di foumaré*
« interdiction de stationner »	"divieto di parcheggio"	*diviéto di parkédjo*
intestins	gli intestini	*lyi inntéstini*
J		
jambes	le gambe	*lé gammbé*
jardinier	il giardiniere	*il djardiniéré*
jaune	giallo/a	*djal•lo/a*
jean	i jeans	*i djinnss*
jeu	il gioco	*il djoko*
joues	le guance	*lé gouanntché*
jouir de	godersi	*godérsi*
journal	il giornale	*il djornalé*
journaliste	il giornalista	*il djornalista*
joyeux(euse)	allegro/a	*alégro/a*
jupe	la gonna	*la gon•na*
L		
lac	il lago	*il lago*
lacets (de chaussure)	i lacci (da scarpe)	*i latchi (da skarpé)*
laid(e)	brutto/a	*brout•to/a*
lait pour le corps	la lozione per il corpo	*la lotsioné pér il korpo*
lampe	la lampada	*la lammpada*
laque pour les cheveux	la lacca per i capelli	*la lak•ka pér i kapél•li*
légumes	le verdure	*lé vérdouré*

lèvres	le labbra	*lé labra*
lime à ongles	la limetta	*la limét•ta*
liqueur	il liquore	*il likouoré*
lire	leggere	*lédjéré*
lit	il letto	*il lét•to*
litre	il litro	*il litro*
livre	il libro	*il libro*
lune	la luna	*la louna*
lunettes de soleil	gli occhiali da sole	*lyi okiali da solé*

M

magasin	il negozio	*il négotsio*
magasin de vêtements	il negozio d'abbigliamento	*il négotsio dab•bilyiaménnto*
magazine	la rivista	*la rivista*
mains	le mani	*lé mani*
manager	il manager	*il managér*
mandarine	il mandarino	*il manndarino*
manger	mangiare	*manndjaré*
mangue	il mango	*il manngo*
manteau	il cappotto	*il kap•pot•to*
marché	il mercato	*il mérkato*
marcher	camminare	*cam•minaré*
mascara	il mascara	*il maskara*
matelas	il materasso	*il matérasso*
matelas pneumatique	il materassino	*il matérassino*
mâts de tente	i paletti	*i palét•ti*
méchant(e)	cattivo/a	*kat•tivo/a*
médecin	il medico	*il médiko*

médicament pour la diarrhée	l'antidiarroico	*lanntidiarroïko*
méduse	la medusa	*la médouza*
menton	il mento	*il ménnto*
mer	il mare	*il maré*
merveilleux(se)	meraviglioso/a	*méravilyiozo/a*
moins	meno	*méno*
monter	salire / montare	*saliré / montaré*
moto	la moto(cicletta)	*la mototchiklét•ta*
mouche	la mosca	*la moska*
mousse à raser	la schiuma da barba	*la skiouma da barba*
moustique	la zanzara	*la dzanndzara*
mouton	la pecora	*la pékora*
musicien	il musicista	*il mouzitchista*
musique	la musica	*la mouzika*

N

neige	la neve	*la névé*
nez	il naso	*il nazo*
noir(e)	nero/a	*néro/a*
nouveau, nouvelle	nuovo/a	*nouovo/a*
nuages	le nuvole	*lé nouvolé*
nuque	la nuca	*la nouka*

O

obtenir	ottenere	*ot•ténéré*
oignon	la cipolla	*la tchipol•la*
oiseau	l'uccello	*loutchél•lo*
or	l'oro	*loro*

orage	il temporale	*il témmporalé*
orange *(couleur)*	arancione	*aranntchoné*
orange *(fruit)*	l'arancia	*laranntcha*
ordinateur	il computer	*il kommpioutér*
ordures	i rifiuti	*i rifiouti*
oreilles	gli orecchi	*lyi orék•ki*
orteils	le dita dei piedi	*lé dita déï piédi*
oser	osare	*ozaré*
oublier	dimenticare	*diménntikaré*

P

paille *(pour boire)*	la cannuccia	*la kanoutcha*
pain	il pane	*il pané*
pansement adhésif	il cerotto	*il tchérot•to*
papier toilette	la carta igienica	*la karta idjénika*
paracétamol	il paracetamolo	*il paratchétamolo*
parapluie	l'ombrello	*lommbrél•lo*
parasol	l'ombrellone	*lommbrél•loné*
parking	il parcheggio	*il parkédjo*
parler	parlare	*parlaré*
partir	partire	*partiré*
pâte feuilletée	la pasta sfoglia	*la pasta sfolyia*
pâtes	la pasta	*la pasta*
pays	il paese	*il paézé*
pêche *(fruit, activité)*	la pesca	*la péska*
pêcher	pescare	*péskaré*
peigne	il pettine	*il pét•tiné*
pénis	il pene	*il péné*

perdu(e)	smarrito/a	*zmarrito/a*
peu	poco	*poko*
pieds	i piedi	*i piédi*
piercing	il piercing	*il pirsinng*
pilote	il pilota	*il pilota*
pince	la pinza	*la pinntsa*
piquets de tente	i picchetti	*i pikét•ti*
piste cyclable	la pista ciclabile	*la pista tchiklabilé*
piste de danse	la pista da ballo	*la pista da balo*
plage	la spiaggia	*la spiadja*
planche de surf	la tavola da surf	*la tavola da sourf*
plante	la pianta	*la piannta*
pluie	la pioggia	*la piodja*
poêle	la pentola	*la pénntola*
poire	la pera	*la péra*
poisson	il pesce	*il péché*
poitrine	il petto	*il pét•to*
poivre	il pepe	*il pépé*
pomme	la mela	*la méla*
pomme de terre	la patata	*la patata*
porte	la porta	*la porta*
poulet	il pollo	*il pol•lo*
poumons	i polmoni	*i polmoni*
pouvoir	potere	*potéré*
professeur	il docente	*il dotchénnté*
profiter de	godersi	*godérssi*
se promener	passeggiare	*passédjaré*
prune	la prugna	*la prougnia*
psychologue	lo psicologo	*lo psikologo*

pull	il maglione	*il malyioné*

R

raisin	l'uva	*louva*
raisins secs	l'uvetta	*l'ouvét•ta*
ralentir	rallentare	*ral•lénntaré*
se raser	radersi	*radérssi*
rasoir	il rasoio	*il razoïo*
rat	il ratto	*il rat•to*
réceptionniste	il/la receptionist	*la rétchéptchionist*
réduction	lo sconto	*lo skonnto*
regarder	guardare	*gouardaré*
renard	la volpe	*la volpé*
requin	lo squalo	*lo skoualo*
rester	restare	*réstaré*
rire	ridere	*ridéré*
riz	il riso	*il riso*
robe	il vestito	*il véstito*
rondelle de citron	la fettina di limone	*la fét•tina di limoné*
rondelle de citron vert	la fettina di lime	*la fét•tina di laïm*
rose *(fleur, couleur)*	rosa	*roza*
rouge	rosso/a	*rosso/a*

S

sac	la borsa	*la borssa*
sac à dos	lo zaino	*lo dzaïno*
sac à main	la borsa	*la borssa*
sac de couchage	il sacco a pelo	*il sak•ko a pélo*

salade	l'insalata	*linnssalata*
sale	sporco/a	*sporko/a*
sans	senza	*sénntsa*
sauce	il sugo	*il sougo*
saucisse	la salsiccia	*la salsitcha*
saumon	il salmone	*il salmoné*
savon	il sapone	*il saponé*
savourer	godersi	*godérssi*
scooter	lo scooter	*lo skoutér*
sèche-cheveux	il fon	*il fonn*
sein	il seno	*il séno*
sel	il sale	*il salé*
sentir	sentire	*sénntiré*
serveur	il cameriere	*il kamériéré*
serviette (de toilette)	l'asciugamano	*lachiougamano*
serviette de bain	il telo da bagno	*il télo da bagno*
serviette de table	il tovagliolo	*il tovalyiolo*
servir	servire	*sérviré*
shampooing	lo shampoo	*lo chammpo*
short	i pantaloncini	*i panntalonntchini*
shot	il bicchierino	*il bikiérino*
s'inscrire	iscriversi	*iskrivérssi*
soldé(e)	scontato/a	*skonntato/a*
soldes	i saldi	*i saldi*
soleil	il sole	*il solé*
son	il suono	*il souono*
sortie	l'uscita	*louchita*
sortir	uscire	*ouchiré*

souris	il topo	*il topo*
sous	sotto	*sot•to*
sous-vêtements	l'intimo	*linntimo*
soutien-gorge	il reggiseno	*il rédjisséno*
spray anti-moustiques	lo spray contro le zanzare	*lo spraï konntro lé dzanndzaré*
steward	l'assistente di volo	*lassisténnté di volo*
stop	alt	*alt*
stupide	stupido	*stoupido*
sucre	lo zucchero	*lo dzoukéro*
super	fantastico	*fanntastiko*
supermarché	il supermercato	*il soupérmérkato*
sur	su	*sou*
surfer *(à la mer)*	fare surf	*faré sourf*
surfer *(sur Internet)*	navigare	*navigaré*

T

table	il tavolo	*il tavolo*
tache	la macchia	*la makia*
talons	i tacchi	*i tak•ki*
tapis	il tappeto	*il tap•péto*
tard	tardi	*tardi*
tarte	la torta / la crostata	*la torta* / *la krostata*
taxi	il taxi	*il takssi*
tee shirt	la t-shirt	*la ti-sheurt*
téléphoner	telefonare	*téléfonaré*
tenir	tenere	*ténéré*

tennis *(sport)*	il tennis	*il tén•niss*
tennis *(chaussures)*	le scarpe da tennis	*lé skarpé da tén•nis*
tente	la tenda	*la ténnda*
terrasse	la terrazza	*la térratsa*
tête	la testa	*la tésta*
théâtre	il teatro	*il téatro*
thon	il tonno	*il ton•no*
toilettes	la toilette	*la toualètt*
tomate	il pomodoro	*il pomodoro*
torse	il torso	*il torsso*
tôt	presto	*présto*
tout droit	dritto	*drit•to*
train	il treno	*il tréno*
tramway	il tram	*il tram*
transat	la sdraio	*la sdraïo*
travailler	lavorare	*lavoraré*
très	molto	*molto*
trop	troppo	*trop•po*
trouver	trovare	*trovaré*

U

uniforme	l'uniforme	*louniformé*
usé(e)	logorato/a	*logorato/a*

V

vacances	la vacanza	*la vakanntsa*
vache	la mucca	*la mouka*
vagin	la vagina	*la vadjina*
vagues	le onde	*lé onndé*
valise	la valigia	*la validja*

vanille	la vaniglia	*la vanilyia*
vélo	la bicicletta	*la bitchiklét•ta*
vendeur	il venditore	*il vénnditoré*
vent	il vento	*il vénnto*
ventre	la pancia	*la panntcha*
ver	il verme	*il vérmé*
verre *(pour boire)*	il bicchiere	*il bikiéré*
verre *(matière)*	il vetro	*il vétro*
vert(e)	verde	*vérdé*
veste	la giacca	*la djak•ka*
viande	la carne	*la karné*
viande d'agneau	la carne d'agnello	*la karné dagniél•lo*
viande de bœuf	la carne di manzo	*la karné di manntso*
viande de porc	la carne di maiale	*la karné di maïalé*
viande hachée	la carne trita	*la karné trita*
village	il paese	*il paézé*
ville	la città	*la tchita*
vin	il vino	*il vino*
vinaigre	l'aceto	*latchéto*
violet(te)	viola	*viola*
voiture	la macchina	*la makina*
voler *(dérober)*	rubare	*roubaré*
voler *(dans les airs)*	volare	*volaré*
voleur	il ladro	*il ladro*
volleyball	la pallavolo	*la pal•lavolo*
voyager	viaggiare	*viadjaré*

Y

yeux	gli occhi	*lyi ok•ki*

NOTES

NOTES

100% ITALIEN

LEXIQUE

ITALIEN - FRANÇAIS

A

a destra à droite
a sinistra à gauche
accanto/a à côté (de)
l'aceto vinaigre
l'ACI assistance routière
l'acqua eau
l'aeroplano avion
l'aeroporto aéroport
l'agente immobiliare agent immobilier
l'aglio ail
aiutare aider
l'albero arbre
allegro/a joyeux(se)
alt stop
l'amore amour
l'ananas ananas
andare aller
andare in bicicletta faire du vélo
l'andata e ritorno aller-retour
l'anello bague
l'annuncio annonce
l'antidiarroico médicament pour la diarrhée
antipatico/a désagréable
aperto/a ouvert(e)
aperto/a 24 ore su 24 ouvert(e) 24/24h
l'arancia orange *(fruit)*
arancione orange *(couleur)*
l'area fumatori espace fumeurs
l'argento argent
l'aria air
arrogante arrogant(e)
l'artista artiste
l'ascensore ascenseur
l'asciugamano serviette (de toilette)
ascoltare écouter
aspettare attendre
l'assistente di volo hôtesse de l'air / steward
« attenzione ai borseggiatori » "attention aux pickpockets"
attraente attirant(e)
l'autista chauffeur
l'autobus bus
l'autonoleggio location de voitures
avere avoir
l'avventura aventure

B

i bagagli bagages
il bagno toilettes / salle de bains
la banana banane
la banca banque
il bancomat distributeur de billets / carte bancaire
il bar bar
il barbecue barbecue
la barca bateau
bere boire
bianco/a blanc, blanche
il bicchiere verre *(pour boire)*

il bicchierino shot
la bicicletta vélo
il biglietto billet / ticket
il bikini bikini
il binario quai
la birra bière
la birreria brasserie
i biscotti biscuits
la bistecca bifteck
blu bleu(e)
la borsa sac / sac à main
la bottiglia bouteille
le braccia bras
brutto/a laid(e)
buono/a bon, bonne

C

la cabina doccia cabine de douche
il calcio football
i calzini chaussettes
la camera chambre
la camera d'albergo chambre d'hôtel
il cameriere serveur
camminare marcher
il campeggio camping
cancellato/a annulé(e)
la candela bougie
il cane chien
la cannuccia paille *(pour boire)*
i capelli cheveux
il capitano capitaine *(de bateau)*
il cappotto manteau
la caraffa carafe
la carne viande
la carne d'agnello viande d'agneau
la carne di maiale viande de porc
la carne di manzo viande de bœuf
la carne trita viande hachée
caro/a cher, chère
la carota carotte
il carrello della spesa caddie
la carta igienica papier toilette
le carte cartes
la cassa automatica distributeur automatique
la catena chaîne
cattivo/a méchant(e)
il cavallo cheval
la caviglia cheville
il centro commerciale centre commercial
il centro storico vieille ville
la cerniera lampo fermeture Éclair®
il cerotto pansement adhésif
il cetriolo concombre
chiedere demander
la chiesa église
chiuso/a fermé(e)
il cinema cinéma
il cioccolato chocolat

la cipolla oignon
la città ville
il cocktail cocktail
la coda queue
il collo cou
il colore couleur
il coltello couteau
il computer ordinateur
con avec
il condimento assaisonnement
connettersi se connecter
la corda corde
correre courir
il corridoio couloir
le cosce cuisses
la coscia di pollo cuisse de poulet
i cotton fioc Cotons tiges
la crema (per il) viso crème pour le visage
la crema per le mani crème pour les mains
la crema solare crème solaire
il cubetto di ghiaccio glaçon
il cucchiaio cuillère
la cucina cuisine
la cucina a gas cuisinière à gaz
il cuoco cuisinier
il cuore cœur
il cuscino coussin

D

dare donner
il delfino dauphin
il dentifricio dentifrice
il dentista dentiste
destra droite
la deviazione déviation
i dischetti di ovatta cotons démaquillants
la discoteca boîte de nuit
il disinfettante produit désinfectant
le dita doigts
le dita dei piedi orteils
« divieto d'accesso » "accès interdit"
« divieto di fumare » "interdiction de fumer"
« divieto di parcheggio » "interdiction de stationner"
« divieto di sosta » "défense de stationner"
il docente professeur
dormire dormir
dormire fino a tardi faire la grasse matinée
dritto tout droit
il duomo cathédrale

E

economico/a bon marché
l'entrata entrée
l'erba herbe

F

fantastico super

fare l'autostop faire de l'autostop
fare surf surfer
la farmacia pharmacie
il fegato foie
la fermata arrêt
la fettina di lime rondelle de citron vert
la fettina di limone rondelle de citron
la fettina di pollo escalope de poulet
i fianchi hanches
le finestre fenêtres
il fiore fleur
il fitness fitness
il fon sèche-cheveux
il fondotinta fond de teint
le forbici ciseaux
la forchetta fourchette
il formaggio fromage
i fornelli cuisinière
le fragole fraises
la fronte front
la frutta fruits
il frutto della passione fruit de la passion

G

le gambe jambes
i gamberetti crevettes
il garage garage
il garage per le biciclette garage à vélos
il gel (per i capelli) gel (pour les cheveux)
la giacca veste
il gioco jeu
il giornale journal
il giornalista journaliste
la gola gorge
la gonna jupe
grigio/a gris(e)
le guance joues
i guanti gants
guasto/a cassé(e)
la guida guide
guidare conduire

I

l'impermeabile imperméable
in dans
in forma en forme
l'informazione information
« ingresso vietato » "entrée interdite"
l'insalata salade
gli intestini intestins
l'intimo sous-vêtements
iscriversi s'inscrire

J

i jeans jean

L

le labbra lèvres
la lacca per i capelli laque pour les cheveux
i lacci (da scarpe) lacets (de chaussure)
il ladro voleur
il lago lac
la lampada lampe
il lassativo laxatif

lavorare travailler
lavori in corso travaux en cours
leggere lire
il lenzuolo drap
il letto lit
il libro livre
la limetta lime à ongles
il liquore liqueur
il litro litre
logorato/a usé(e)
la lozione per il corpo lait pour le corps
la luna lune

M

la macchia tache
la macchina voiture
il maglione pull
il maiale cochon
malato/a malade
il mandarino mandarine
mangiare manger
il mango mangue
le mani mains
il mare mer
il mascara mascara
il materassino matelas pneumatique
il materasso matelas
la matita per gli occhi crayon pour les yeux
la medicina médicament / médecine
il medico médecin
la medusa méduse
la mela pomme
la melanzana aubergine
meno moins
il mento menton
meraviglioso/a merveilleux(euse)
il mercato marché
la metropolitana métro
mezzo litro demi-litre
molto beaucoup / très
il morso morsure
la mosca mouche
la moto(cicletta) moto
la mucca vache
il museo musée
la musica musique
il musicista musicien

N

il naso nez
il negozio magasin
il negozio d'abbigliamento magasin de vêtements
nero/a noir(e)
la neve neige
noioso/a ennuyeux(euse)
il noleggio bici location de vélos
non sono ammessi animali animaux interdits
la nuca nuque
nuovo/a nouveau, nouvelle
le nuvole nuages

O

gli occhi yeux

gli occhiali da sole lunettes de soleil
l'olio huile
l'olio solare huile solaire
l'ombrello parapluie
l'ombrellone parasol
l'ombretto fard à paupières
le onde vagues
orari di apertura horaires d'ouverture
orari di partenza horaires de départ
gli orecchi oreilles
gli orecchini boucles d'oreilles
l'oro or
osare oser
l'ospedale hôpital
ottenere obtenir

P

il paese pays / village
i paletti mâts de tente
la pallavolo volleyball
la pancia ventre
il pane pain
i pantaloncini short
il paracetamolo paracétamol
il parcheggio parking
il parcheggio a pagamento parking payant
il parchimetro parcmètre
parlare parler
partire partir
passeggiare se promener
la pasta pâtes
la pasta sfoglia pâte feuilletée
la patata pomme de terre
le patatine chips
la pecora mouton
il pedaggio autostradale péage (autoroutier)
il pene pénis
la pentola poêle
il pepe poivre
la pera poire
la pesca pêche
pescare pêcher
il pesce poisson
il pettine peigne
il petto poitrine
piacevole agréable
la pianta plante
la piantina della città plan de la ville
il piatto assiette
la piazza place
i piedi pieds
il piercing piercing
la pinza pince
la pioggia pluie
la piscina piscine
la pista ciclabile piste cyclable
la pista da ballo piste de danse
poco peu
la polizia police
il pollo poulet

i polmoni poumons
il pomodoro tomate
la porta porte
potere pouvoir
prendere il sole bronzer
la prenotazione réservation
il preservativo préservatif
presto tôt
la prima colazione petit déjeuner
il pronto soccorso premiers soins
la prugna prune
lo psicologo psychologue
la puntura piqûre

R

radersi se raser
il ragno araignée
rallentare ralentir
il rasoio rasoir
il ratto rat
la reazione allergica réaction allergique
la reception accueil / réception
il/la receptionist réceptionniste
il reggiseno soutien-gorge
i rifiuti ordures
il riso riz
la rivista magazine
la robaccia camelote
rosa rose
rosso/a rouge
rubare voler *(dérober)*

S

il sacco a pelo sac de couchage
la sala da pranzo salle à manger
la sala degli arrivi hall des arrivées
la sala delle partenze hall des départs
i saldi soldes
il sale sel
il salmone saumon
la salsiccia saucisse
il sapone savon
la scala escalier
la scala mobile Escalator®
lo scarafaggio cafard
le scarpe da tennis tennis / baskets
la schiuma da barba mousse à raser
scontato/a soldé(e) / en promotion
lo sconto réduction
lo scooter scooter
la sdraio transat
il sedere fesses
la sedia chaise
il seno sein
senso unico circulation à sens unique
sentire sentir
senza sans
servire servir
il servizio in camera room service

lo shampoo shampooing
la sigaretta cigarette
simpatico/a gentil(le)
sinistra gauche
smarrito/a perdu(e)
il soccorso stradale assistance routière
il sole soleil
sopra sur / au-dessus
sotto sous
il sottopentola dessous de plat
la spalla épaule
la spazzola per capelli brosse à cheveux
lo spazzolino da denti brosse à dents
la spesa courses
la spiaggia plage
spingere pousser
sporco/a sale
lo spray contro le zanzare spray anti-moustiques
lo squalo requin
ss (strada statale) RN (Route Nationale)
lo stabilimento balneare bar de la plage
stampare imprimer
stanco/a fatigué(e)
stare être *(rester)*
starnutire éternuer
la stazione di servizio station service
la stazione ferroviaria gare
le stelle étoiles
gli stivali bottes
lo stomaco estomac
strappato/a déchiré(e)
stupido/a stupide
gli stuzzicadenti cure-dents
su sur
il sugo sauce
il suono son *(bruit)*
il supermercato supermarché
sveglio/a éveillé(e)

T

i tacchi talons
la tangenziale boulevard périphérique
il tappeto tapis
tardi tard
la tavola da surf planche de surf
il tavolo table
il taxi taxi
il teatro théâtre
telefonare téléphoner
il telo da bagno serviette de bain
il temporale orage
la tenda tente
tenere tenir
il tennis tennis
la terrazza terrasse
la testa tête
tirare tirer
la toilette toilettes

il tonno thon
il topo souris
il tornante virage en épingle à cheveux
tornare indietro faire demi-tour
la torta tarte / gâteau
il tovagliolo serviette de table
il traghetto ferry
il tram tramway
il treno train
troppo trop
trovare trouver
la t-shirt tee shirt

U

ubriaco/a bourré(e)
l'uccello oiseau
l'ufficio turistico office du tourisme
l'uniforme uniforme
uscire sortir
l'uscita sortie
l'uscita d'emergenza sortie de secours
l'uva raisin
l'uvetta raisins secs

V

la vacanza vacances
la vagina vagin
la valigia valise
la vaniglia vanille
il vantaggio avantage
vantaggioso/a avantageux (euse)
il venditore vendeur
il vento vent
verde vert(e)
le verdure légumes *(verts)*
il verme ver
il vestito robe
il vetro verre *(matière)*
viaggiare voyager
i vigili del fuoco pompiers
il vino vin
viola violet(te)
volare voler *(dans les airs)*
il volo vol
la volpe renard

Z

lo zaino sac à dos
la zanzara moustique
la zona blu zone de stationnement payant
lo zucchero sucre
la zucchina courgette

NOTES

NOTES

NOTES

NOTES

En plus de l'italien, la collection des **applivres** Berlitz comprend les langues suivantes :

100% Anglais
978-2-400-23023-2

100% Espagnol
978-2-400-23024-9

100% Portugais
978-2-400-23027-0

100% Allemand
978-2-400-23026-3

100% Anglais américain
978-2-400-23028-7

Pour tous ces guides, le téléchargement de l'**appli** associée se fera depuis la page **www.berlitzeditions.fr/applivre** de notre site web. Nous vous rappelons que cette **appli** fonctionne sur iPhone, iPod Touch et sur tous les smartphones équipés du système d'exploitation Android.

Les guides Berlitz 100%, ce sont aussi des guides de voyage sur les grandes villes d'Europe et du monde : rendez-vous sur notre site **www.berlitzeditions.fr** pour découvrir la collection des guides de voyage 100% ainsi que les autres produits de langues et de voyage Berlitz !

100% ITALIEN – TOUS LES MOTS QU'IL FAUT
est une publication des éditions Berlitz/Blay Foldex,
Tour Orion, 12-16 rue de Vincennes, 93100 Montreuil
www.berlitzeditions.fr • E-mail : info@berlitzeditions.fr

Design : Kim Peters, Funkfabriek
Concept : Joyce Enthoven, mo' media
Photo de couverture : Duncan de Fey
Mise en page : Pépite Graphique
Traduction et révision : Marion Derouin,
Caroline Allard, Paloma Cabot

ISBN : 978-2-400-23023-2
Imprimé en Chine
2e impression, 2012